JN437905

탄요공원에서

길을 묻다

탄요공원에서 길을 묻다

초판 1쇄 찍은날 / 2025년 4월 19일
글쓴이 / 강경석
펴낸이 / 김철미

펴낸곳 / 백산서당
주소 / 서울특별시 은평구 통일로 885, 3층(갈현동 394-27)
전화 / 02-2268-0012
팩스 / 02-2268-0048
등록 / 제10-49(1979.12.29.)

값 20,000원

ISBN 978-89-7327-861-9 03300

탄요공원에서 길을 묻다

앎과 삶을 고뇌하는
모든 이들에게
갈을 묻는다

어디로 가고 있는가?

나는 시인도 아니고 전업 작가도 아니다. 그저 얕은 지식으로 교육학 강의와 연구에 대부분의 시간을 보낸 교육학도일 뿐이다. 그리고 '앎과 삶' 을 화두로 독단과 무지에서 벗어나기 위해 언제나 마음졸이며 살아왔다.

나이 들어 직업 전선에서 물러난 지금, 내 삶의 절반은 미련과 회한으로 채워져 있다.

초등학교 때부터 책 읽기와 글쓰기를 좋아해서 작가나 기자가 되고 싶었다. 어쩌다 교육학과에 진학하여 공부에 열중하기보다는 친구들과 세상타령하면서 질풍노도의 청년기를 보냈다.

대학 3학년 때 마주친 갑작스런 아버지의 병환은 가족 모두를 힘들게 했으며, 당시의 암울한 시대적 상황과 겹치면서 더욱 더 방황과 고독으로 몰아갔다.

사랑과 고뇌, 두려움과 막연한 희망이 새겨진 대학 시절의 빛바랜 일기장에서 가슴 아린 시들을 다시 읽는다.

세월이 흘러 서울을 떠나 10년 넘게 동탄에 살고 있다. 낯선 동탄에서의 생활은 친구와 지인이 없어 외롭고 무료할 때가 많지만, 신도시의 젊은이들과 아이들을 보면서 삶의 활력을 얻는다.

언제나 고독은 절망을 이겨낸다. 무엇보다도 시간에 얽매이지 않고 국내외 소설과 시는 물론 철학, 심리학, 역사, 경제학 등 여러 분야의 책들을 보며, 아내와 둘이서 가까운 산야를 산책하는 호사를 누리고 있다.

작년 4월 평소 야무지고 건강하던 아내가 갑작스레 큰 수술을 하게 되어, 마음졸인 시간이 흐르면서 새삼스럽게 나를 되돌아보게 되었다. 아내의 건강 회복을 위해 고창, 단양과 뉴욕에서 보낸 한 달여 시간은 사색과 반성의 선물과 함께, 이 문집 탄생의 계기가 되었다,

올 4월에 맞이하는 결혼 50주년에 나를 만나 편한 날 없이 살아온 아내에게 이 책을 드리고 싶다.

제1부 '사랑과 고뇌' 에서는 대학 시절에 쓴 시를 담고, 제2부 '미네르바의 부엉이' 에서는 대학 졸업 이후부터 최근까지 쓴 시와 수필을 묶었다.

나 자신에게 조용히 묻는다. 제대로 알고 바르게 사는 것은 무엇인가?

나는 누구이고, 어디로 가고 있는가?

탄요공원 벤치에 앉아 길을 묻는다. 서편에 노을이 진다.

2025년 봄바람이 싱그러운

동탄에서

강 경 석

탄요공원에서 길을 묻다

제2부 미네르바의 부엉이

제1부

사랑과 고뇌

포도원에서

들풀이 싱그럽고
달빛이 고운 밤

농가의 포도원에서 흐르는
음악은
보료처럼 따뜻하다.

저만치 바람처럼 스치는
추억이 아름다운 밤

포도는 가슴 속에서 익어가고
달빛도 음악도
사람들의 얘기 소리도

소년의 고무신 자국처럼
가슴 아릿한 밤

별은 고향 하늘에
포도향을 뿌려준다.

들국화

계절의 윤회를 어김없이 지키는
들국화의 속삭임

아이들이 건너간 등교길 돌다리는
언제나 정겹다.

들국화는 어느새
돌다리 건너
하늘가에 피어 있다.

창가에서

어둠이 짙은 그 밤들
그대에게 살포시 전하는 밀어는
허공에 흩어지고,

어쩌다 꿈길에서 마주치면
날 잊은지 오래라고 등불은 꺼지네.

가만히 창가에 기대서면
그대의 찬 손
내 손길 닿지 않는 먼 곳에 있고,

기다림은 밝힐 수 없는
촛불이 되어
나는 길을 잃고 헤매는 가을 속의 목마가 되었네.

당신의 정원

플라타너스 잎사귀의 빗방울을 보다가
문득 포구에 닻을 내린 선원의 미소를 생각한다.
비와 만선은
그들에게 풍요와 생명력을 준다.

유년 시절의 동화는
마치 가시덤불에 불이 붙듯
오관을 일깨운다.

사랑은 신부의 반지처럼 빛나지만,
고향으로 돌아온 탕아는 실패에 밤새 운다.
삶은 언제나 풍요롭지 않다.

빛나는 별무리가
순결의 천사가 되면
백합꽃이 활짝 핀 정원에서
그대는 여왕이 된다.

꿈에 본 파리의 분수대

무더운 파리의 시장 모퉁이에서
충혈된 여인들의 거친 싸움을 보며
숨을 죽이는 꿈을 꾸고 있다.
잠시 후 어느 멋진 분수대에서
모파상의 소설 속 마틸드를 만나고,
죠세핀의 화려한 목걸이를 훔쳐본다.

줄이 뒤엉킨 현악기의
불협화음처럼
사람들은 혼자만의
영웅이 되어
순수한 목소리를 잃어버린지
오래이다.

내가 그리워하던
파리의 밤하늘은
꿈 속의 세느 강변에서
음악처럼 깊어만 가는데

삶에 지친 파리 시민들은
휑한 눈길로 나를 바라다본다.
내가 그리워하는 파리의
밤하늘이 깊어간다.

스물세 살의 만추

생의 증명을 환절기의
감기 기운으로 느끼는
어머니 모습이 떠오를 때,
스물세 살의 청년은
아악처럼 정중한 상념과
하늘 멀리까지 닿은
체념 사이에서 방황하고 있다.

새로운 탄생을 흩어진 가랑잎에서 찾고,
깊은 사랑을 빈 가슴에 채운다.

신작로에 노랗게 물든 은행잎과
길 섶의 들국화로
고운 직물을 짜는
스물세 살의 만추에
산비둘기가 날아오른다.

필(feel)

처음 만난 날
물방울 블라우스에
반바지 스커트 차림의 자그마한 소녀

엷은 미소를 띤 그녀의
눈망울은 맑고 깊었다.
머릿결은 길고도 빛났다.

여지껏 손목 한 번 못 잡았지만,

입맞춤은 꿈에서 딱 두 번 했다.

언제 어디서나 그립다.

나는 그녀의 포로다.

* 내가 그녀를 처음 만난 시간과 장소는 1969년 7월 27일 오전 11시쯤, 전북도청 공보관 4층 E여대 자선다방 개업식이었다. 대학 1학년인 그녀는 동료, 선배 6~7명과 함께 1주일간 일했으며, 수익금(?)은 모교인 J여고에 기부하였다.
그후 우리는 1975년 4월 19일에 부부가 되었으며, 아내는 서울에서 35년의 교직 생활을 마쳤다.

夜市場

洞口 꼬마들이 엉기 성기 놀고 있는
공터를 지나
다 헤진 木橋 위에서
카바이트 불 밑의 변색된 사과를 바라다 본다.
잠시
날개 꺾인 나비가 불꽃을 꼬이듯
사과를 머금고 있다.

언젠가
환상에 잠긴 천년의 石澗水에
발을 담그고
이끼 낀 달무리와 떠돌이별의 숨결을
추억으로 간직하던 日과 時

市井의 찻집에서
어제보다 더 쓴 커피 앞에
나를 告解하고
일껏 가꾸어온 묘목이
스스로 변질해 가도
망울을 머금고 꽃을 피울 때까지
사랑하였던 園丁

지친 아낙과
사과 두 알을 놓고서
참회와 의지를 시험하고 있는데……

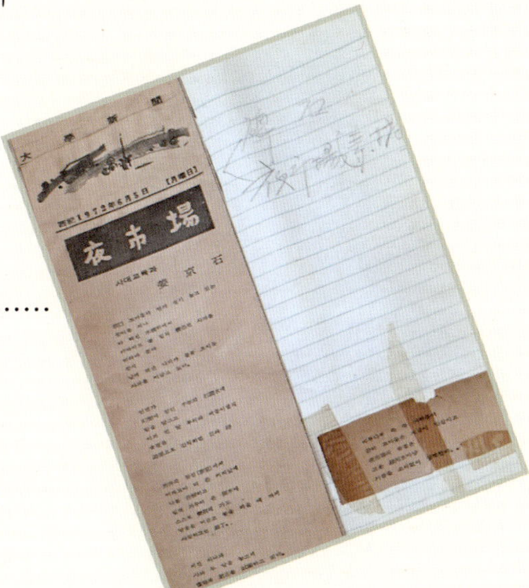
大學新聞
夜市場

미루나무 죽죽 자라듯이
공터 꼬마들은 지금이 한창이고
야시장의 숨결은
고운 은하수마냥
기쁨을 소리 없이 잉태한다.

* 1972년 6월 5일 서울대학교 〈대학신문〉에 실렸음.

연인

여름날 오후
사내는 종이 팩 우유 두 개를,
단발머리 소녀는 붕어빵 봉지를 들고
우체국에 들어선다.
에어컨 바람이 상쾌하다.

창가 모퉁이에 기대어 잠시 속삭이다
손을 흔들며 헤어진다.
햇볕은 여전히 따갑지만
뒤돌아보는 소녀의 발걸음은 가볍다.
가난한 연인들이지만 마냥 부럽다.

제2부

미네르바의 부엉이

봄바람났네

지리산 자락
구례, 산청에
봄바람 불면
산수유, 매화, 개나리가 춤추고
우리는 산새가 되어
창공으로 날아간다.

멀리서 가까이서 산야의
샛노랑과 은백색은 초록보다
예쁘고 수줍다.

봄바람났네!

봄이 천지에 꽃바람을 휘감는다.

꽃비가 내린다.

누나

봄이 오면
실개천 살얼음 녹고
달래, 냉이, 돌나물이 향기롭다.

엄마 없는 빈자리에서
누나는 봄나물을 무친다.
"맛이 어쩔랑가 모르겄다."

"엄마 손맛하고 똑같네.
꼬들빼기 김치도 담가줘."

누나 손은 엄마 손이 되고
나는 살며시 응석을 부린다.
"뒷산에 쑥 캐러 가자.
쑥개떡 해먹게."

아버지의 페달

새벽녘이면 아버지는
자전거 뒷자리에
어린 아들을 태우고
가재미에 있는 논자락 물꼬를
살피러 간다.

살랑거리는 봄바람은
아직도 차가운데
진분홍 자운영 꽃은
몹시도 화사하다.

조용히 논가를 바라보던
아버지가 한마디한다.
"춥냐? 꽃이 참 예쁘구나."

초록색 가지와 희고 붉은
꽃잎이 어우러진
자운영의 물결은
아버지의 사랑을 담아
아들을 감싼다.

새벽 하늘은 점차 밝아오고
바람결은 부드러워진다.
아버지는 다시 페달을 밟는다.

초포 가는 길

내가 국민학교 1,2학년이었을 때, 연년 세세 구정 전날 두 살 밑의 동생과 함께 시오리 되는 초포 큰 집에 가는 길은 멀고도 추웠다. 어머니가 정종 됫병 한 병과 쇠고기 두 근을 보자기에 싸 주면, 음력 섣달 말의 매서운 바람 부는 긴긴 초포 천변 뚝방길과 한낮에도 무서웠던 상여집을 지나 한 시간 넘어 큰 집에 도착했다.

“아이고! 내 새끼들 추운데 얼마나 고생했냐. 어서 방에 들어가 몸 좀 녹여라.” 그제서야 동생은 눈물을 글썽이며 큰엄마 치마폭에 안긴다. “무거워서 포도시 들고 왔어요, 지난번 추석 때보다 안 추워요.”

아름다운 말

목련이 활짝 핀 예쁜 집 앞
조그마한 공원에 유모차가 다가온다.
젊은 신혼 부부가 갓 돌이 지난 듯 보이는
아기를 밝은 미소로 바라보고 있다.

“애기가 참 예뻐요.
눈동자가 초롱초롱하고 야물게 생겼네요.
아빠를 닮았네.”

“고맙습니다.
엄마를 닮았다고 하는 사람도 많아요.”

맑고 시원한 바람이 불어온다.
내 마음도 상쾌해지며
가벼운 대화 속에
뿌듯한 행복감이 스며든다.

아름다운 말들은
잘 익은 석류알 속내처럼
단순하여 싱그럽다.

어린 날의 소묘

그날도 여느 여름날처럼 땡볕 더위가 한창이었다. 지방 도시의 서낭댕이에 살던 때 나와 여덟살이던 동생, 친구 진도를 비롯한 몇몇이서 시오리길 되는 용진 천변으로 멱감으러 가는 길이었다.

화약골, 도둑골, 가재미, 도매다리, 안골 숲을 지나 신작로로 나서면 사람은 거의 없고, 어쩌다 소달구지와 시외버스가 뽀얀 먼지를 날리며, 꼬마들과 뽀쁘라나무의 숨통을 조여왔다.

한낮의 햇살은 매우 뜨거웠고 시커멓게 그을린 꼬마들은 재잘거리며 빠르지도 천천히도 아닌 걸음을 옮겼다.

어른 무릎과 가슴께 깊이로 흐르는 천변에서 한바탕 개구리헤엄 실력을 뽐내고, 물놀이에 지치면 모랫가에서 빵울치기와 '무궁화꽃이 피었습니다'를 했다.

돌아오는 길은 멀고도 멀었다. 땅만 쳐다보며 말없이 걸었다. 배고픔과 갈증, 땡볕 더위는 그야말로 고난의 행군이었다.

*친구 진도는 초 · 중 · 고 동기인 박영수의 어린 시절 이름인데, 그는 1996년 뉴욕으로 이민을 갔다. 우리 부부는 2015, 2018, 2024년 세 차례 미국 방문시 그의 집에서 체류하였다. 영수는 내 아들의 대부이고, 나는 영수의 딸 주례를 섰다.

어린 날의 파리

내가 중 1, 2 시절 우리나라 소설은 물론 서양 소설에 빠져 있을 때, 특히 프랑스의 보들레르, 빅토르 위고, 앙드레 지드, 모파상, 스탕달, 생떽쥐베리, 까뮈 등의 작품을 제대로 이해하지도 못한 채 날밤을 샌 적이 많았다. 도서관 사서 선생님께서 "이 책들 빌려가서 정말 읽는 거니?" 하고 묻던 기억이 난다.

당시의 지적 수준으로 소설 내용이나 표현, 플롯 등 작품성에 대한 이해는 매우 낮았으리라! 시대상과 작가 정신은 물론 서양사와 인문지리적 지식, 어휘 이해도 등도 부족한 상황에서 무엇을 얻고자 했을까?

그래도 나는 동경과 상상의 나래를 펼치며 흥미롭게 책장을 넘겼다. 아스파라거스, 올리브유, 와인과 위스키, 버터와 치즈, 베이컨 등의 식

품과 포크와 나이프, 은쟁반 등은 꿈에서도 볼 수 없었다.

또한 발코니, 가스등, 까페, 살롱, 에펠탑, 몽마르뜨르, 오페라 극장, 물랑루즈, 루브르 박물관과 베르사유 궁전, 샹젤리제, 개선문, 아폴리네르의 미라보 다리 등 생소한 이름은 물론 제라늄, 베고니아, 라일락, 자작나무숲도 어쩌면 영원히 볼 수 없는 것으로 생각되었다.

*그 후 15년이 지나 서른 살이 된 나는 처음으로 파리에 갔으며, 어릴 적 상상 속의 거리와 건물 모습이 실제와 크게 다르지 않아 놀라움을 금치 못했다.

사랑 노래

어릴 때 뛰놀던
학교 운동장
참 좁다.
그때는 세상에서
가장 넓었는데

젊었을 때 애닳던
불꽃 열정
다 식었다.
그때는 세상에서
가장 뜨거웠는데

해와 달이 뜨고 져도
언제나 변치 않는 어머니의 품

복숭아

복숭아는 달고 맛있다.
복사꽃도 예쁘다.
그러나 나는 복숭아를
잘 먹지 않는다.
비바람에 약한
복숭아는 여름 내내
농부들의 애간장을 태운다.
복숭아 농사를 짓던
어머니의 한숨이 배어 있다.
복숭아는 슬프고 아린 과일이다.
내게 아픔을 준 영원한
선악과다.

*어머니는 경찰공무원인 아버지와 18세 때 결혼하여 6남매를 기르고 6.25전쟁의 엄혹한 시기를 보냈으며, 박봉의 가계를 돕기 위해 2,000평의 복숭아 과수원 농사를 지었다.

40대 초에 뇌졸중으로 쓰러진 아버지를 35년간 지성으로 간병하였으며, 농구, 야구, 축구 경기를 TV로 즐겨 보았는데 경기 관전 수준(경기 룰과 작전 이해도, 선수의 출신학교와 강약점 숙지)은 전문가급이었다. 농구의 3초 룰 위반이나 야구의 야수 선택(필더스 초이스), 축구의 리베로 등은 기본 상식이었으니까……

나는 이런 공부를 싫어했다

인간은 삶의 질을 향상시키기 위해서 사물과 현상에 대한 올바른 이해가 필요하다. 또한 무한경쟁의 시대에서 누가 얼마나 쓸모있고 가치있는 지식과 정보를 많이 가졌는가는 성공과 실패의 가늠자가 된다. 실용적 지식 외에도 심미적, 명제적 지식도 큰 의미를 지니고 있지만, 학교 학습의 영역 중 주된 영역은 인지적 영역이다.

지금까지 수많은 교육학자들의 교수-학습이론이 있었지만, 학습은 유전자와 환경 간의 함수이며 특히 학습동기의 중요성은 변함이 없다. AI시대에서도 마찬가지다.

그러나 불행히도 우리 세대는 소위 암기 위주, 암기 만능 학습에서 전혀 벗어나지 못해 창의력이나 문제 해결능력을 제대로 기르지 못하였다.

지금까지도 기억하고 있는 어린 날 경험담 몇 가지를 얘기해보겠다.

국민학교 4학년 때던가? 사회 시간에 경부선(서울-부산), 호남선(서울-목포), 전라선(서울-여수) 등 철도의 기착점을 외우고, 성환 참외, 나주 배, 대구 사과, 개성 · 금산 · 풍기의 인삼 등 지역 특산물을 외워야 했다. 호남평야, 나주평야. 김해평야, 연백평야도 기억이 난다. 전주에 살던 나는 국민학교 6학년 수학여행 때 서울에 처음 갔다.

6학년 자연 시간은 더욱 답답하였다. 푸른색 리트머스 시험지가 빨간색으로 변하면 산성이고, 빨간색 리트머스 시험지가 푸른색으로 변하면 알칼리성이라는데, 도대체 리트머스 시험지는 어떻게 생겼는지, 또 알칼리성과 산성은 무엇인지, 우리는 왜 이런 것을 배워야 하는지 도무지 이해할 수 없었다.

중학교 국어 시간에는 말본을 따로 주 1시간씩 배웠는데, 이름씨(명사), 큰이름씨(대명사), 그림씨(형용사), 어찌씨(부사), 느낌씨(감탄사), 토씨(조사)와 같은 생소한 낱말은 매우 혼란스러웠다. 1~2년 후 말본시간은 영원히 사라졌다.

고등학교 때는 현미경도 제대로 갖추지 못한 생물 시간에 세포와 유전자를 배웠는데, 그 시간에 들은 RNA, DNA, 미트콘드리아는 그 후에도 이해하지 못하였다.

1학년 지리시간에는 나라나 도시 이름을 한자로 표기하는 내용도 외워야 했다. 지금 생각나는 몇 개를 들면 덕국(독일), 법국(불란서;프랑스), 아라사(러시아), 화란(네덜란드), 백이의(벨기에), 서반아(스페인), 포도아(포르투갈), 애란(아일랜드), 파란(폴란드), 서서(스위스), 오지리(오스트리아), 정말(덴마크), 낙국(노르웨이), 서전(스웨덴), 분란(핀란드), 신가파(싱가포르), 비율빈(필리핀) 등의 국명은 물론, 도시 이름인 화성돈(워싱턴), 나성(로스앤젤레스), 상항(샌프란시스코), 윤돈(런던), 백림(베를린), 해아(헤이그), 향항(홍콩) 같은 것들도 생각난다. 재미삼아 기억을 최대한 되살려 보았다.

아! 그때는 피요르드 해안으로 배웠는데 요즘 방송에는 피요르 해안으로 바뀌었다.

또 서양사를 배울 때는 특정 사건의 배경과 의미보다는 발생 연도를 왜 그리 외어야 했는지? 지금도 명예혁명 1688년, 프랑스 대혁명 1789년, 러시아혁명 1917년, 카이로회담 1943년, 얄타회담 1945년 등은 잊혀지지 않는다.

우리가 별다른 생각없이 달달 외운 낱알갱이 지식들이 훗날 지적 학습과 삶에 어떤 도움을 주었는지에 대한 교육학적 논쟁이 있지만, 인지적 영역에서 단순 암기와 같은 사전적 지식들은 AI시대인 요즘 컴퓨터나 핸드폰에서 즉시 찾을 수 있다. 나는 초 · 중 · 고 수업시간에 많은 회의를 품고 있었다. 때때로 선생님께 '왜 이런 것들을 배우고 무조건 외워야 하는지' 묻곤 하였지만 그때마다 수업진도를 방해한다고 꾸지람만 들었다.

50여 년이 지나 교사의 수준과 학습환경은 매우 좋아지고 새로운 교수-학습이론은 참으로 많이 개발되어 실행되고 있다.

그러나 학생의 학습동기가 높지 않고서는 백약이 무효라는 생각에 변함이 없다.

자서전

내가 싫어하는 것들 중 하나는 소위 성공한 사람들이 쓴 자서전 읽기이다. 끝까지 읽은 자서전은 『백범일지』와 사회운동가 장두환 추모문집 『당신이 선물한 나날』, 장영희 교수의 에세이 형식의 자서전 『살아온 기적, 살아갈 기적』 정도이다. 외국 사람의 경우에도 조지 기싱의 『기싱의 고백』과 스콧 니어링의 『자서전』, 평전 형식으로 쓴 『닥터 노만 베쑨』의 일대기나 아인슈타인의 『나의 세계관』, 패트릭 브링리가 쓴 『나는 메트로폴리탄 미술관의 경비원입니다』가 생각날 뿐이다.

자서전을 쓰는 이들은 삶을

얼마나 열심히 살아왔는지, 지나온 과거를 회상하면서 자신의 경험을 바탕으로 타인들에게 도움을 주고자 하는 좋은 의도로 썼다고 말할 것이다.

예를 들면 사업가는 온갖 실패와 어려움을 딛고 끝내 지금의 성공과 부를 이루었다는 얘기를, 학자는 수많은 역경을 이겨내고 밤낮 없이 공부하여 박사 학위를 받아 대학교수가 되어 후학 지도와 훌륭한 연구논문을 많이 썼다는 얘기를, 정치인은 오직 선당후사의 정신으로 국리민복을 위해 자신이 얼마나 노력했는지를 말하고 있다.

그러나 대부분의 인간은 자신의 이익을 위해서는 온갖 권모술수는 물론, 약삭빠르게 가면을 바꿔가며 시류에 편승하는 존재라서, 만인의 만인에 대한 투쟁이라는 말도 있지 않은가! 살아오면서 자신을 속이지 않거나 타인을 미워하지 않은 사람은 매우 드물 것이다.

자서전의 주인공들은 모두 참으로 착하고 선량한 성품을 지녔는지, 머리가 좋은 건지, 복을 받아 운이 좋은 건지 마치 기승전 행복의 화려한 결말뿐이다. 적어도 90% 이상의 자서전은 결국 자화자찬이거나 개선장군의 무용담일 것이다. 잡초 없는 뜰은 없을 것인데……

오래 전 영국의 수필가 찰스 램은 '나는 위대한 인물에게서 매력을 느끼지 못한다. 나와의 유대감이 너무나 없기 때문이다. 나는 그저 평범하되 정서가 섬세한 사람을 좋아한다'라고 말한 바 있다(피천득, 인연, 샘터, 2001, 185쪽에서 재인용).

자서전은 가슴 속에 감추어야 한다. 그러나 오늘도 수십 권의 자서전이 쏟아져 나온다. 만약에 독단과 편견, 무지에서 벗어나기 위해 치열하게 살아온 사람의 꾸밈없는 자서전이 있다면, 서슴없이 열권, 스무권을 사서라도 이웃과 지인들에게 나누어 주고 싶다. 실패한 인생의 진솔한 자서전이라면, 또 梅一生寒不賣香(매화는 일생을 춥게 살아도 향기를 팔지 않는다)의 삶이라면 정성스럽게 읽을 것이다.

네가 게맛을 알아?

호수공원에서 만난
아이는 아빠와
축구공을 차고 있다.

열번 중에 대여섯번은 헛발질이고,
이리저리 공을 쫓아다니면서 넘어지기도 한다.
울지도 않고 힘든 기색도 없이
벌써 10여 분을 넘긴다.

내가 한마디한다.
"손흥민 되겠네,
축구가 재미있니?"

꼬마가 듣자마자
"축구가 제일 좋아요.
엄마 아빠보다도 좋아요.
커서 축구선수 될 거예요."

아빠가 거든다.
"그래, 네가 좋아하는 축구해야지,
엄마 모르게 우리 약속하자.
엄마는 축구는 좋아해도
축구선수 되는 건 싫어하니까."

꼬마가 마무리한다.
"엄마가 축구 맛을 알아?"

멋지게 살 수 있을까?

동짓달이 깊은 밤
아내의 야윈 모습이 떠오른다.
젊은 날 하늘하늘 춤추던 나비는
빛 바랜 커튼처럼
찬 비에 떨고 있다.

빛나는 새털구름,
지평선의 일출,
새봄의 꽃봉오리는
언제나 아름다웠지.
우리가 멋지게 살 수 있을까?

살아있는 그날까지
불쏘시개가 되는 낙엽처럼
티끌만큼의 사랑도
아끼지 말아야지.

새벽 동이 트기 전
어부의 몸은 지쳐 있지만,
눈은 빛나고
그물망은 언제나 촘촘하다.

앎과 삶

사람들은 힘든 상황을 표현할 때
흔히 춥고 배고플 때라고 말합니다.
그러나 정말 힘들고
참기 어려운 고통은
서로간에 말이 통하지 않을 때입니다.

내가 옳고 타인은 틀리거나,
내가 틀리고 타인은 옳거나,
무지가 이성을 억누를 때,
말은 통하지 않습니다.
심지어 무섭기까지 합니다.

앎과 삶은 동전의 양면이어서
제대로 알고자 하는 삶이 정말 소중합니다.
등대는 온 바다를 비추지 않고,
산사의 북소리는 온 산에 울리지 않습니다.
참된 마음의 촛불만이 세상을 밝힙니다.

빠가야로

고등학교 때 〈청춘! 듣기만 해도 가슴이 뛴다〉는 수필을 읽은 기억이 있다. 나에게 가슴이 벅차 오르는 단어는 무엇일까? 단연 여행과 프로야구 게임, 맛있는 음식이다. 오늘은 여행에 관한 얘기를 해보겠다.

김영하 작가는 '여행의 의미는 휴식, 새로운 경험과 깨달음에 있다' 고 말하며, 가브리엘 마르셀의 호모 비아토르(Homo Viator; 여행하는 인간)를 소개하였다(김영하, 여행의 이유, 문학동네, 2019).

나는 나이아가라 폭포나 융프라우, 사하라 사막과 같은 자연 경관보다는 주택가, 시장, 박물관, 성당, 대학 등 삶의 모습이나 문화유산 관람을 더 선호한다.

그러나 여행은 즐거움만 주지 않고 여행자가 예측하지 못한 돌발 변수나 심지어는 불의의 사고가 발생하기도 하여 당초의 목적이 무산되기도 한다.

나의 첫 해외여행은 연수의 성격을 띤 1977년 10월 보름간의 일본 방문이다.

당시 나는 한국교육개발원(KEDI)의 교육방송 PD로 재직 중이었는데 그때까지 우리나라는 흑백TV 시대였다. 교육방송의 특성과 효과성을 고려하면 컬러TV 방송이 당연하지만, 경제 사정과 방송 기술의 미흡함으로 컬러 방송 시스템을 갖추지 못한 실정이었다. 그러나 조만간 도입될 예정인 컬러 방송의 제작과 기술 습득의 필요성에 따라, 일본 SONY사의 후원으로 NHK 연수가 이루어졌다. 경제력에서 우리보다 20~30년 앞서 간다는 일본이고보니 만 25세의 청년인 나로서는 설렘과 함께 약간은 무거운 마음이 들었다.

연수단은 단장, 방송 분야 박사급 연구원과 교수 2명, 막내인 나를 포함한 PD 3명, 엔지니어 2명으로 구성되었으며, NHK에서 주5일 오전 연수, 오후 관광 프로그램이 진행되었다.

연수 두번째 휴일 아침 일행 4, 5명이 아침 식사를 마치고 숙소(도쿄 시나가와구 고단다에 있는 SONY 사원 기숙사)에서 멀지 않은 거리를 산책하다가 조그마한 기념품 가게에 들렀을 때 사고가 발생했다.

이른 시간이라 우리 외에 다른 손님도 없어 조금 시끄럽게 떠들며 이것 저것을 만지고, 50살쯤 되어 보이는 남자 주인에게 물건 값을 물어보기도 했다. 일행 중 단 한 사람도 물건을 사지 않고 10분 정도 아이 쇼핑만 한 것이 잘못이었던지 가게를 나서는데, 그때까지 친절하게 보이던 주인이 잔뜩 화난 얼굴로 우리에게 소리치는 것이 아닌가! 아침부터 마수걸이도 못해서일까? 내가 알아들을 수 있는 단 하나의 말, 조센징! 나도 모르게 '빠가야로' 가 튀어나왔다.

화가 몹시 난 그는 우리가 알아듣지 못하는 고함을 지르며 날뛰었고, 전가의 보도인지 모르지만 가게에 딸린 방에서 50cm쯤 되는 일본도를 들고 나왔다. 우리도 욕설로 대꾸하며 한참을 싸우다 밖으로 나왔다. 일본에 대한 좋은 감정이 싹 사라졌다.

그 후 빠가야로가 일본에서는 심한 욕설이라는 말을 들었다. 반대로 이런 일이 우리나라에서 벌어졌다면 어떠했을지도 생각해보게 되었다. 훗날 30여 번의 해외여행 중 대여섯 번 일본을 방문할 때마다 고단다의 상점 주인과 일본도가 떠올랐다. 그리고 일본인의 성격이 혼네(속마음)와 다테마에(겉마음)의 이중성을 지닌 것을 『국화와 칼』을 통해 자세히 알게 되었다.

맨해튼에서 아내를 잃다

1992년 7월 하순쯤 미국 여행 때의 가슴아린 추억담이다. 당시 딸은 고2, 아들은 중2였는데, 공부를 잘 하고 성실하던 녀석이 학교 생활의 스트레스가 심해져 자유로운 곳, 미국의 학교를 알아보기 위해 몇 가지 유학 관련 준비물을 챙

겨 가족 4명이 시카고행 비행기를 탔다. 시카고에는 오래 전에 이민을 간 친구가 셋이나 있는데다 마침 영재학교인 National Academy of Mathematics and Science (NAMS)가 있기 때문이었다.

시카고에서 만난 두 친구 가족과 우리는 유학 문제는 조금 미루고, 우선 일주일간 동부 여행을 하기 위해 두 대의 캠핑 카를 타고 시카고를 떠나 디트로이트를 거쳐 뉴욕에 도착했다. 뉴욕에서는 한인 여행사의 일일관광 버스 투어를 하게 되었는데, 이때 평생 잊지 못할 사건이 발생했다.

어두움이 깔리기 시작할 무렵, 마지막 관광 일정인 52번가 맨해튼 록펠러 센터에서 잠시 휴식 시간이 있었는데, 근처 상점에서 아이 쇼핑을 마치고 버스로 오던 아내가 갑자기 사라지고 만 것이다. 10분이 지나고 30분이 지나도록 아내가 오지 않아 우리 일행과 여행객 모두 걱정과 불안감에 쌓인 채 코리아타운 호텔로 돌아왔다. 그때는 핸드폰이 있기 전인데다, 아내는 여권은 물론 수중에 1달러도 지니지 않은 상황이었다.

'혹시 불량배에게 끌려가지 않았을까' 하는 불길한 생각이 끊이지 않았다. 나와 두 친구는 호텔에 주차해둔 캠핑 카

를 타고 다시 록펠러 센터로 달려가 그 일대를 밤늦게까지 헤매고 다녔다. 센터의 관리사무실에서는 반경 500m 이내의 모든 건물 야간 경비원에게 화장실까지 샅샅이 찾아보라는 방송까지 했으나 아무런 성과도 없었다. 방송을 하기 전 센터 관리인이 아내의 인상 착의를 묻는데, 그날 하루 종일 같이 다녔던 아내의 상하 복장조차 설명하지 못할 정도로 우리는 정신이 나갔다. 친구들 몰래 눈물을 훔치고 별의별 생각과 절망적인 마음으로 낙담한 채 호텔로 다시 돌아왔다.

아! 아내가 로비 소파에 기대어 있었다. 나와 헤어져 버스로 가려다보니 길이 헷갈려 이리저리 헤매다가, 금세 밤이 깊어진 맨해튼에서 미아가 된 아내는 콩글리쉬와 온갖 몸짓으로 뉴욕 경찰에게 도움을 청해 패트롤 카로 호텔에 도착한 것이다.

나는 홀애비를 면하고 아이들은 엄마 없는 신세를 면했다. 그날 밤 저녁 식사 시각은 밤 10시가 넘어서였으며, 나는 친구 가족에게 비싼 저녁을 샀다.

그 후 우리 부부는 2015, 2018, 2024년에 세 차례 뉴욕에 갔고, 그때마다 만국기가 펄럭이는 록펠러 센터의 실종 장소를 방문했다.

비에 대한 단상

봄비는 앳된 채송화 같다

여름비는 힘이 넘치는 붉은 장미 같다

가을비는 잔잔한 구절초 같다

겨울비는 서글픈 억새풀 같다

봄비는 소녀다
여름비는 청년이다
가을비는 중년의 엄마다
겨울비는 노년의 아버지다

빗속에 사랑과 그리움이 있고
빗속에 미움과 이별이 있다
내 마음에는 언제나
촉촉히 비가 내린다

상처

고요한 호수에 돌을 던지면
파문이 인다.
그러나 금세 고요해진다.

상대의 가슴에 못을 박으면
상처가 깊다.
그러나 쉽게 아물지 않는다.

마음의 고요함은 지키기 어렵다.
밖에서 날라오는 돌팔매도 무섭지만,
안에서 스스로 발화하는
화가 더 무섭다.

달빛어린 호숫가에서
상처난 가슴을 보듬어준다.

선생님과 제자의 그림 이야기

표현예술의 대표적 분야인 그림과 글씨에 소질이 없는 사람은 있을지라도 싫어하는 사람은 없을 것이다. 내가 그림과 글씨를 좋아하고 관심을 갖게 된 것은 성장 환경에서 연유되지 않았을까 싶다.

나는 예향 전주에서 초 · 중 · 고를 다녔다. 나라 전체가 가난했던 1960년대에도 고향의 어지간한 집에는 동양화나 글씨 한두 점이 걸려 있었으며, 지금은 커피숍이나 까페로 이름이 바뀌었지만 다방에도 그림이나 글씨 몇 점은 빠지지 않았다.

학교, 관공서, 은행 등 공공 기관의 사무실은 물론 동네 약국, 콩나물국밥집이나 이발소, 목욕탕 등에도 당연히 액자가 걸려 있었다. 가히 액자 천국인 셈이다. 작품의 수준이나 내용은 몰랐어도 왠지 모르게 그 장소의 품격이 높아 보였다.

다음은 내가 소장하고 있는 그림 중 사연이 깊은 작품 이야기이다.

하나: K교수의 판화

내가 처음으로 대학 시간강사를 시작했던 1985년 1학기 초, 홍익대학교 교직과목 '교육평가' 시간이었다. 다소 딱딱한 수업 내용인지라 세상 돌아가는 얘기를 조금 곁들여가던 중에, 가난을 딛고 S대 치대를 나와 신촌 로터리 근처에서 개업한 고교 동기 얘기를 잠시 했다.

수업을 마치고 나오는데 한 학생이 머뭇거리며 말을 꺼냈다. “선생님, 미대 서양학과 4학년 복학생인데요. 며칠 전부터 이가 몹시 아픈데 당장 돈이 없어 치료를 못받고 있어요. 아까 말씀하신 치과에서 우선 치료를 받고, 치료비는 늦어도 한 달 안에 갚을 테니 좀 도와주시면 안되겠어요?”

조금은 야위었지만 눈망울이 맑고 성실하게 보이는 청년과 함께 곧바로 치과에 갔다. 사연을 들은 친구는 치료를 잘 해주었으며 곧 완치되었다. 학기가 끝나 잠시 이 일을 잊고 지냈는데, 그해 크리스마스가 지난 며칠 후에 그 학생이 “졸업작품전이 있다”며 나와 친구를 초대했다. 그리고 “치과 치료를 도와주어 고맙다”며 우리에게 작품 한 점씩을 선물로 주었다.

이런 일을 계기로 그 학생이 졸업한 이후에도 가끔 만나 그림 이야기나 진로, 취업 문제도 함께 얘기하였다. 졸업 후 2~3년이 지나고 결혼 청첩장에 쓰여진 신부 이름은 친구 치과의 예쁜 간호사 P양이었다.

그가 결혼 후 7~8년이 지나 함박눈이 펄펄 내리는 늦은 밤에 큰 액자를 들고 우리 집을 찾아와 말을 꺼냈다. “선생님, 어쩌다보니 제가 대학 때 그린 작품이 하나도 없어요. 졸업작품전 때 드린 한복입은 여인상을 제게 주시지요. 대신 국제판화전에서 입상한 이 작품을 드리려구요.”

그는 훗날 국내외에서 높은 평가를 받는 서양화가, 판화작가가 되었으며 대학의 미대 교수로 정년을 마쳤다.

둘: 철사 드로잉

대학 시절부터 40여 년 가까이 사제간의 정을 나누었던 성신여대 이상주 총장님께 신년 인사를 갔을 때의 추억이다. 아내와 함께 세배를 드리고 차를 마시다가 거실 입구에 걸린 천경자 화가의 서양화가 눈에 띄어 '참 좋구나' 하면서 부러워했다. 그런데 다음 해 세배 때 그 그림이 없길래 여쭈었더니 "얼마 전 지인이 하도 좋다고 해서 선물로 주었다"는 것이다. 나는 염치없게도 "작년에 저한테 주시지 그랬어요?" 라는 말을 해버렸다.

며칠 후 우리 집에 총장님께서 직원 편에 미대 서양학과 박영근 교수의 카네이션 그림을 보내주셨는데, 철사로 그린 새로운 기법의 작품을 처음 보았다. 서재에 걸어둔 박교수의 그림을 볼 때마다 오히려 선생님 생각이 난다.

서울대 교수 10년, 강원대, 울산대, 한림대, 성신여대 4개 대학 총장 18년, 정신문화연구원장, 교육부총리, 대통령 비서실장을 지낸 경력도 대단하지만, 나에게는 가르침과 사랑을 주신 선생님일 뿐이다.

여기에 소개하지 않은 작품들; 문신 화가의 판화, 박인환 교수의 동양화, 뱅글라데시에서 구입한 유화, 중국 연변에서 구한 북한 화가의 그림, 인사동에서 구입한 무명 화가의 누드화 등도 사연이 있고 애착이 간다.

줄탁과 화이부동

하나: 줄탁

1989년 6월, 나는 전남대학교에서 대학평가 업무에 관한 교직원 특강을 마친 후, 오병문 총장님으로부터 특강료가 적어 미안하다며 '줄탁(啐啄)' 이라는 한자 액자를 선물받았다.

본래 이 말은 '병아리가 부화할 때 껍질 안에서 밖으로 나오려고 쪼는 것을 줄, 밖에서 어미가 쪼는 것을 탁' 이라고 하는 데서 나왔다고 한다. 흔히 줄탁동시 또는 줄탁동기라는 말과 통용된다.

총장님께서는 줄탁은 교육의 의미에 부합된다며, 서예계의 대가인 장전 하남호 선생의 작품이라고 덧붙였다.

훗날 나는 장전 선생의 '역지사지(易地思之)' 작품을 한 점 더 구했으며, 내과 병원장인 아들에게 역지사지의 뜻을 새기며 살아갈 것을 권했다.

둘: 화이부동

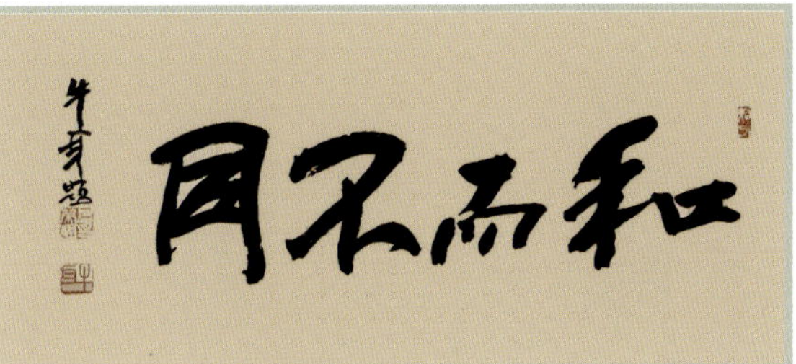

1998년 여름, 내가 한국대학사회봉사협의회 사무국장일 때 성공회대 이재정 총장님의 소개를 받아 같은 대학의 신영복 교수를 찾아 뵙고 우리 기관명은 한글체로, 우리 집 가훈인 '화이부동(和而不同)' 은 한자체로 써주실 것을 부탁드렸다. 선생님께서는 한자 서예를 잘 쓰지 않는다며 난색을 보이셨지만, 내가 간청하자 이내 응락하셨다. 그리고 화이부동의 새로운 해석 '군자는 다양성을 인정하고 지배하지 않는다' 의 공존과 관용의 의미를 덧붙여 주셨다.

신교수님은 학식 못지않게 '쇠귀체' 로 불리는 서예 솜씨도 당대의 일품이지만, 일면식도 없는 사람의 청을 흔쾌히 받아주셔서 매우 감사하게 생각하고 있다. 그 이후로 나는 그 분의 저작물을 꼼꼼히 읽는 팬이 되었다.

친구

나는 왜 친구가 없지?
싱거운 안부 전화도,
살기 힘들다고
하소연을 늘어 놓는
전화 한 통도 오지 않는다.

사랑도 미움도 원망도
내가 만드는 것
내가 먼저 안부 묻고
넋두리할 때,
친구가 생기고
세상이 열리는 법

멀리 있든 가까이 있든,
오래도록 잊고 지냈든,
매일 매일 그리워했든,
내 마음을 강물에 띄워
그대에게 전해야지

홍시를 나누며

깨복쟁이 친구는 평생을 고향에서 산다.

지난 해 여름은 유난히 무더워 가을 단풍이 예년보다 보름 정도 늦게 온다기에, 11월 중순이 되어서야 남쪽 고향에 내려갔다.

"내장산, 강천산의 단풍은 이제 막 시작이야, 단풍 구경은 다음에 하고 우리집 감밭에 가서 감이나 따세, 우리 감은 고목나무 감이라서 귀하다네."

친구 부부와 우리가 한 시간 반 동안 딴 감은 160여 개가 되었다. "솔찬허네! 이것 다 가지고 가게."

마댓자루와 비닐보따리에 담긴 감은 아들, 딸, 사돈댁, 처남과 처제들, 동네 지인들에게 널리 나누어 주었다. 더러 안 좋은 감은 우리 것으로 남겨 두고, 무르기 전에 배달하느라 바쁘게 돌아다녔다. 친구의 속 정(情)은 홍시만큼 달고 깊었다.

악화가 양화를 구축한다?

우리는 언어로 사고하고 표현한다. 언어는 세상의 모든 것들을 담는 그릇이다. 말과 글없이 사는 삶은 존재하지 않는다.

문제는 이 세상에 이치에 맞지 않는 말과 억지 소리가 난무하고, 이로 인해 바른 말이 사라지며 소통에 어려움이 심화된다는 것이다. 결국엔 잘못된 언어 생활이 삶을 황폐하게 만들 것이다.

초·중·고·대학생들은 물론 일반 성인들까지 각종 이모티콘을 사용하고 있으며, 금투세(금융투자소득세), 특활비(특별활동비), 폭망(폭삭 망함), 과잠(학과 점퍼), 정모(정기모임) 등 수많은 어휘를 축약해서 씀으로써 신종 문맹이 늘고 있다.

우리가 주변에서 흔히 겪는 무분별한 언어의 오류를 언뜻 생각나는 대로 들어 보겠다. 물론 시대에 따라 언어도 바뀐다는 원론을 주장하며, 나를 꼰대라고 비난하는 이들도 많다.

1) 의미의 잘못된 이해

‘와중’ 의 본 뜻은 소용돌이 가운데, 또는 일이 복잡하게 벌어질 때일진대 온갖 방송과 신문은 물론, 일상의 대화에서도 학자, 언론인, 일반 시민까지 ‘과정’ 이나 ‘상황’ 대신 무분별하게 쓰고 있다. ‘지하철을 타고 오는 와중에’, ‘간담회를 하는 와중에’, ‘유럽 여행을 하는 와중에’ 등등.

‘유추’ 의 의미는 본래 현상 A와 B 간의 공통 · 유사관계가 성립할 때 사용되어야 한다. 예컨대 ‘화성과 지구는 닮은 점이 많아 화성에 생물이 살 가능성이 있다고 유추한다’ 라고 말할 수 있다. 세간에서는 어떤 현상을 예상, 추측, 짐작할 때 유추라는 용어를 잘못 쓰고 있다. ‘재판 결과가 어떻게 될 거라고 유추하십니까’, ‘올해 코리안 시리즈 우승팀은 어느 팀이라고 유추하십니까’, ‘이번 수능 난이도를 어떻게 유추하십니까.’

‘자당’ 은 남의 어머니를 높일 때 쓰는 말인데, 자신의 어머니를 자당이라고 말하는 대기업 임원도 보았다.

‘합리적 의심’ 도 듣기 어색하다. 마치 ‘처녀 엄마’ 나 ‘둥근 삼각형’ 처럼 논리적으로 맞지 않다. ‘의심을 사기에 충분하다’ 정도의 표현이 맞겠다.

2) 잘못된 표현

남편분, 아내분, 팬분, 간호사분, 기자분, 기사분, 친구분의 '분'은 지나친 존대의 표현이며, 서울의 유수한 백화점 여직원은 손님에게 "바지 길이가 기세요"라고 말하고 있다.

또한 자주 남발되는 '부분'도 '상황'이나 '문제', '사항' 등으로 적절하게 바꾸어 써야 할 때가 많다.

'너무'와 '같아요'의 오용도 심하다. '오늘 날씨가 너무 좋은 것 같아요', '값이 싸고 맛있어서 너무 좋은 것 같아요' 등 그 사례는 넘치고 남는다. 또 방송에서 자주 쓰는 말로 '생각되어진다'나 '보여진다', '보인다'와 같은 수동태의 어법도 대부분 옳지 않다. 그리고 최근 들어 자주 듣는 '말씀주신……'은 '말씀하신……'이 맞다. '전화 주셔서 고맙습니다'도 '전화해 주셔서~'로 말하는 것이 듣기 편하다.

3) 지나친 외국어 오남용

아파트 이름과 각종 화장품, 의상, 과자, 빵, 의약품 이름은 80% 이상이 외국어이다.

아파트 이름에 사용되고 있는 수많은 외국어 남용의 예는 하나만 들겠다. 경기도 동탄의 한 아파트 이름은 '월드메르

디앙&반도유보라 아파트' 였다가 '동탄역유보라여울숲1.0' 으로 바뀌었다. 메르디앙이나 유보라는 무슨 뜻인가? 하물며 동탄역에서 이 아파트 간의 거리는 적어도 2.5㎞는 되는데……

백화점이나 영업을 하는 많은 가게에서 '그랜드 오픈' 이라고 쓰고 있다. 굳이 영어로 쓰려면 '그랜드 오프닝' 이 맞다. '스폰' 은 '광고주' 나 '스폰서' 로, '멘트' 는 '한마디 말' 로 써야 한다. 또 '매니아' 는 광적인 집착 상태를 뜻하므로, 특정 상황에 집착하는 사람을 말할 때는 '매니악' 으로 써야 맞다. '워딩' 도 '문맥이나 단어' 로 바꿔야 한다. 영어 오남용의 사례를 가장 많이 볼 수 있는 곳은 역시 방송 프로그램이며, 청소년 세대를 거쳐 온나라에 번지고 있다. 뜻있는 지적은 오래 전부터 있으나 쇠귀에 불경이다.

언어 환경의 잘못된 사례 몇 가지를 들었는데, 이런 현상에 대해 가정과 학교교육 현장, 한글 관련 기관이나 NGO, 학계, 언론, 특히 방송계는 별다른 문제의식을 갖고 있지 않아 우리말과 글은 더욱 오염되고 천박해질 것이다. 우리는 언제까지 엉터리 말들과 섞여 살아야 하는가?

이 세상에서 악화는 항상 양화를 이기는가?

진실

실개천이 모여
강물이 시작되고
강물이 모여
바다가 되듯이,
조그마한 삶이 모여
세상이 되듯이,
풀씨는 흙과 바람 속에서
태양빛을 머금고
꽃을 피웁니다.

예쁜 바다 미운 바다가 없듯이,
예쁜 사람 미운 사람이 없듯이,
예쁜 꽃 미운 꽃이 없습니다.

* 김명희 작, '야곱의 사다리.'

세상에는 옳고 그른 것은 있어도
예쁘고 미운 것은 없습니다.
사람들이 모여
어리석음을 만들 뿐입니다.

바람이 분다

본래 내 몸과 마음은
나를 낳아 길러 주신
부모님의 은혜 30%,
나를 만나 사랑을 심어 준
아내의 고마움 30%,
내가 낳아 기른
자식이 준 기쁨 20%,
나에게 늘 가르침을 준
스승과 친구 20%로
이루어졌다.

부모님이 돌아가시고 손주 둘이 커가면서
이 공식은 무너졌다.
부모 10%, 아내 20%,

자식 20%, 스승과 친구 10%,
손주 40%로 바뀌었다.
손주는 미워할 수 없는
유일한 존재니까

세월이 흐르고 또 흐르면
내가 사라지고
부모도, 아내도, 스승과 친구도, 손주도 사라져
우리는 우주 속에서
바람이 된다.
바람 속에 생명이 있다.

길 없는 길

제3기 신도시인 경기도 화성시 동탄의 형성은 2009년부터 1동탄 아파트에 12만 명이 3~4년 사이에 입주하면서 시작되었으며, 시민들의 휴식 공간으로 크고 작은 몇 개 공원과 근교 산에 둘레길이 만들어졌다.

나와 아내는 그리 높지도 않고 깊지도 않은 무봉산(360.2m)에 초가을 저녁 가벼운 차림으로 산행을 시작했다. 한 시간여 걷는 동안 스친 사람은 대여섯 명 정도, 등산로 곳곳이 끊어졌다가 이어지는 인적이 드문 산행 길에 참나무, 떡갈나무, 키 작은 소나무, 아카시아와 억새풀이 엉켜 발걸음을 힘들게 했다.

같이 오르는 아내의 말. "아직 등산로가 개발되지 않았어요, 길 없는 길이네요." 나는 문득 프루스트의 '숲을 걸었다. 길이 두 갈래로 갈라졌다. 나는 인적이 드문 길을 택했다. 그리고 모든 것이 달라졌다.' 는 싯귀가 생각났다.

"그래, 이쪽으로 가보세."하며 잡목과 아카시아 수풀을 헤치며 길 없는 길을 30분 넘게 걸어갔다. 그런데 수풀이 점점 무성해지고 사방이 깜깜해지기 시작하며 앞이 제대로 보이지 않았다. 본디 산 속은 해가 빨리 지기 때문이다.

벌써 처음 출발한 지 두 시간이 넘은데다 낙엽들과 마사토가 섞여 몹시 미끄러운 땅이기에 더 이상 산행을 할 수 없다고 판단하였다. 오던 길을 찾아 이리저리 헤매며 힘들게 두 시간 정도 내려오다 보니 불안함과 갈증, 체력 저하로 녹초가 되었다.

그때 멀리서 아파트 불빛이 보이기 시작했다. "아! 길 없는 길은 가는 게 아닌가봐요, 그래도 봉황이 춤을 춘다는 무봉산에서 남이 가지 않은 길을 개척했어요." 아내가 가쁜 숨을 몰아쉬며 한마디 한다.

집으로 돌아오는 길에 '아는 길도 물어가라' 는 속담이 생각났다. 며칠이 지나자 언뜻 엉뚱한 생각이 스쳤다. '프루스트는 왜 길 없는 길로 가라고 했을까? 나는 친구의 딸 결혼 주례사에서 왜 이 말을 인용했을까?'

오래 전 콜럼버스와 바스코 다 가마의 대항해 시대에 선박도, 지도도, 항해술도 제대로 갖추지 못한 상황에서 황금을 얻기 위해 수십 일을 갖은 고생을 하며 길 없는 길에 도전한 이들은 개척자인가, 아니면 침략자인가? 여러 상념이 머리에 맴돌고 있다. 남이 갔던 길, 아니면 아무도 가지 않은 길, 어느 길로 가야 하는가?

진심 혹은 흰소리

나보다 운전 경력도 길고
운전 솜씨도 좋고
길눈도 밝은 아내에게
"속도 내지 말고 차선 변경 조심해."

사십이 넘은 병원 원장
아들에게
"밥 거르지 말고
환자가 안온다고 스트레스 받지 마."

몸이 아파 몹시 고생하는 친구에게
"나이 들면 안 아픈 사람 없어."

축구와 게임 좋아해서
숙제 빨리 안 한다고
초등학생 아들을 다그치는 며느리에게
"공부만 잘 한다고 잘 사는 것 아냐."

나는 오늘도
제일 가까운 사람들에게
실없는 말을 한다.
내가 살면서
지키지 않은 말만 한다.

만남과 헤어짐

사람은 참 묘한 존재이다.
생면부지의 타인에게 길을 묻다가
평생 반려자가 되기도 하고,
어제까지 친하게 지낸
오랜 친구하고 농담하다가 틀어져
영영 헤어지기도 한다.

만남과 헤어짐은 찰나에 이루어진다.
우연과 필연을 운명이라고 한다면,
만남과 헤어짐은 필경 운명일 뿐인가?

*장영희 교수의 에세이 『살아온 기적 살아갈 기적』(샘터, 2009, p.59)에서 인용한 마크 트웨인의 '오늘 일어날 수 없는 일은 아무 것도 없다(There's nothing that cannot happen today.)'를 되새겨본다.

인삼회

인삼회? 무엇이 연상되는가? 내가 사적으로 만나는 정기 모임 중에서 고교와 대학 동기 모임을 빼고는 가장 오랜 시간을 함께 하고 있는 친목회 이름이다. 사람들은 몸에 좋은 인삼(ginseng)과 관련된 모임이냐고 묻기도 한다.

내가 1978년부터 5년간 재직했던 삼성 그룹의 삼성종합건설(지금은 삼성물산 건설 부문으로 바뀌었음)의 인사팀 OB 모임이다.

평생을 교육 분야에서 일한 경력에 비추어 보면 다소 특이하게도 보이겠지만, 삼성건설에서의 여러 경험들은 내 삶의 폭을 넓히는 데 큰 보탬을 주었다. 나는 기획관리실 인사팀에서 3년 반, 그리고 사우디아라비아의 수도 리야드 지사에서 1년 반을 근무했는데 지금도 생각하면 씁쓸한 웃음이 나며 좀처럼 잊히지 않는, 마치 뒷머리를 한 대 얻어맞은 느낌의 추억담 하나를 얘기해보려 한다.

1982년 여름 어느 날 리야드 지사 총무과장이던 나는 밤 9시가 넘은 시각에 직원의 다급한 전화를 받았다. 당시 우리 회사는 사우디에 국방성 관련 건물, 카 파킹 공사, 병원 기숙사 신축 등 4개 현장 공사를 하고 있었는데, 현장 기능공 3명이 현지 경찰의 음주 단속에 걸려 경찰서 유치장에 곧바로 구금되었다는 전화였다. 부랴부랴 직원과 현지인 통역 모하메드를 데리고 경찰서에 도착하여 사건 내용을 상세하게 들었다.

귀국 하루 전인 그날 밤 이들 셋은 리야드의 마지막 밤을

아쉬워하며 숙소에서 몰래 담근 포도주를 나누어 마시고(당시 중동 지역에 진출한 한국의 건설회사 기능공 중에는 양조학 박사(?)들이 많았다.) 현장 봉고차로 시내 드라이브에 나섰다가 왕궁 경비 경찰에게 붙잡혔다는 것이다

그런데 그 다음 얘기가 걸작이다. 체포 당시에 기능공 한 명이 경찰에게 한 말, "유 사우디 폴리스? 아이 엠 삼성 폴리스." 그들은 영어로 삼성 로고가 쓰여진 플라스틱 작업모를 쓰고 있었다. 당시 현지 경찰관들 표정을 상상해 보시라!

결국 회사와 현지 에이전트의 노력에도 불구하고 삼성 폴리스 세 명에게는 벌금과 3일 후 추방 명령이 떨어졌다. 금주 국가인 사우디에서 술이라니! 그런데 이게 끝이 아니었다. 나는 리야드 공항에서 또 한번 놀랐다. 세 명의 삼성 폴리스 중 두 명은 이인삼각으로 쇠고랑과 열쇠에 묶여 있었다. 그들은 그렇게 묶인 채로 화장실에도 같이 가야 했고, 그 쇠고랑은 경유지 방콕 공항에서 풀어준다나! 삼성물산 방콕 지점에 뒷일 처리를 부탁했다.

짧은 기업체 근무 기간이었지만 그 때 맺은 인연은 지금까지도 깊은 우정을 나누며 지내고 있다. 우리 인삼회는 오늘도 내일도 서로를 아끼며 만날 날을 기다린다.

루브르 박물관에서 보낸 3일

1995년 가을이던가? 한국대학교육협의회(대교협) 평가 업무 책임자이던 나는 네덜란드 암스테르담에서 열린 국제회의에 발표자로 참가하여 4일간의 일정을 마치고, 런던의 주

영 한국대사관과 영국 정부의 대학재정 지원기관인 HEFC를 방문하였다.

마지막 공식 일정인 파리의 유네스코 방문이 끝나고나니 어설픈 영어 실력으로 버틴 10일간의 피로가 몰려 왔다.

국제전화로 3일간의 휴가를 얻은 나는 3일을

모두 아침 10시부터 오후 5시까지 루브르 박물관에서 보냈다. 다른 어떤 곳도 가지 않았다. 사실 이전에도 루브르 박물관은 두세 시간 관람한 적이 있었지만……

고대 유물관, 이슬람 미술관, 조각 전시관, 회화관 등에서 수많은 작품을 화첩을 읽으며 천천히 살펴 보았다. 니케와 비너스 상, 다빈치의 모나리자, 르누아르의 책 읽는 소녀와 들라크루아의 민중을 이끄는 자유의 여신은 매일 한 번씩 꼭 보았다. 비너스 상의 뒷태는 얼마나 아름다웠는지! 잠깐 휴식을 취할 때면 박물관 밖의 피라미드에서 진한 에스프레소를 마셨다.

회화와 조각에 문외한인 내가 3일 내내 루브르 박물관에서 보낸 까닭은 지금도 알 수 없는 수수께끼이다. 1793년 개관, 넓이 6만여m², 소장품 60만 점 이상, 전시 작품 3만 5천 점, 1일 평균 방문객 1만 5천 명 이상 되는 루브

르를 제대로 관람하려면 최소한 6개월이 소요된다는 얘기가 있다. 비록 3일간 관람에 그쳤지만 스스로 대견하다는 생각은 변치 않고 있다.

다시 파리에 가면 나는 또 루브르에 갈까?

신은 계시는가?

2001년 7월 당시 나는 한국대학사회봉사협의회 사무국장으로서 우리나라 100여 개의 대학과 전문대학의 국내외 봉사활동을 주관하고 있었다.

해외 봉사활동은 동 · 하계방학 때 주로 아시아 개도국에 25~30명의 대학생들과 의대 교수, 간호 보조 학생들이 파견되어, 20~30여일간 한글, 영어교육, 놀이지도와 태권도 시범, 한국 음식 만들기, 간단한 의료활동, 현지 대학생들과 문화교류 활동을 하는 프로그램이다.

대사협 실무 책임자인 나는 프로그램이 잘 진행되는지 살피기 위해 매년 2~3국을 방문 · 점검하였는데, 이번 이야기는 뱅글라데시에서 겪은 슬펐던 사연이다.

방콕을 경유하여 뱅글라데시 수도인 다카까지의 항로에서 비행기 연결 사고로 방콕 공항에서 5시간을 지체하여 15시간 만에 도착하였다. 무더위와 수많은 인파, 자전거와 오토바이의 무질서한 시내 교통은 상상을 초월했으며, 열악한 호텔에서의 첫날 밤 침대와 벽에 붙은 도마뱀 때문에 로비의 소파에서 담요 한 장으로 밤을 지새웠다.

가슴아픈 사연은 다음 날 다카 변두리에 있는 낡고 허름한 영유아보호소 방문 때의 일이다. 15평 정도의 어느 방에 들어서자 생후 1년 남짓되는 영아 수십 명이 굶주려 뱃가죽이 달라붙은 모습으로 뉘어져 있는 것이 아닌가! 그 휑한 눈길, 여기저기 곪은 상처의 피부, 어두운 조명과 적막한 분위기에 숨이 막히고 나도 모르게 눈물이 흘렀다.

오래 전 기억이라 보호소 운영 관리의 주체와 경제적 지원 상황, 우리 단원들의 활동 내용은 자세히 생각나지 않지만, 당시 현장에서 받은 충격은 결코 잊혀지지 않는다.

'신은 존재하지 않는가? 만약 신이 있다면 이럴 수가 있는가?' 를 되새기며 나는 그곳을 빠져 나와 건물 모퉁이에서 한참을 울었다. 내가 건넨 약간의 헌금은 무슨 의미가 있는가? 왜 눈물을 흘렸을까? 이 사건 이후 나는 옹졸하게도 '앞으로는 가난한 나라, 불편한 나라 여행은 하지 않겠다' 는 다짐을 한 적도 있었다.

지금도 아프리카 아동돕기 광고를 보면 마음이 아프다.

새벽녘의 이방인

간이역의 첫 차를 기다리는
사내의 옷깃을
새벽녘 안개가 감싼다.
잿빛 하늘 끝까지
절망과 우수는 뻗쳐 있고,
사랑은 가슴 속에 묻고 있다.

산새가 날아와 묻는다.
"날이 새면 어디로 가느냐."

민들레 꽃씨가
바람에 나부끼듯이,
에뜨랑제는 언제나
자유인이 된다.

탄요공원 벤치에서

북서풍이 적단풍과 은행잎을
훑고 지나간
탄요공원 모퉁이에서
잠시 떠오른 잔상

생명의 근원이
어디에서 어떻게 시작되었는지,
시간의 시작과 끝
공간의 폭과 깊이를
알아서 무엇하랴!

은하수 저편에서
불어오는 바람소리
이곳에서 숯을 굽고 살았을
옛 사람의 따뜻한 숨결을
그리워한다.

* 탄요공원은 화성시 1동탄 반송동에 있으며,
아주 오래 전 사람이 사용했던 숯가마와 유적이 발굴된 곳임.

69학번 축구 이야기

교육학과 69학번 동기생들의 수많은 추억들 중에서 단연 으뜸으로 꼽을 수 있는 것은 축구 시합에 얽힌 얘깃거리이다. 우리 동기들의 축구 입문(?)은 의외로 쉽게 시작되었다. 입학한 지 얼마 되지 않은 3월 하순, 한 해 위인 68학번들과의 '신입생 환영' 모임에서 선배들이 '우리는 축구를 매우 잘해 져 본 일이 없으니 한번 붙어 볼래?' 하면서 자랑을 늘어놓기에, 별뜻 없이 즉석에서 'OK' 결정을 내렸다. 사실 그때 우리는 서로의 축구 실력에 대해 아는 바가 전혀 없었다. 이제 입학한 지 한 달도 안되어 누가 어느 고등학교 출신이고, 누구는 현역이고 또는 재수, 삼수 출신인지 정도만 알고 있을 때였으니……. 각자의 축구 실력을 모르는 것은 물론 시합 날까지 연습 한 번 없이 용두동 사대 운동장에서 드디어 선후배간에 시합이 벌어지게 되었다. 동기생 20명 가운데 여학생 둘을 뺀 18명 중 우선 뛰고 싶은 사람을 주전 11

명으로 뽑고 나머지는 지친 사람과 교대하기로 하였으며, 포지션은 W포메이션에 맞추어 자기의 희망대로 정했다. 그 때는 지금처럼 4-2-4나 4-3-3의 신형 포지션은 등장하지 않았을 때니까.

'순간의 선택이 10년을 좌우한다' 는 광고 문구가 태어나기 훨씬 전인 1969년 4월초의 첫 시합에서 정해진 베스트 일레븐이 졸업 후까지 거의 변함없이 지켜지게 될 줄이야! 자천으로 공격수(FW)에 포진한 면면을 보면 뛰어난 주력과 개인기의 박천환(현 부산교대), 능숙한 볼 처리와 자칭 주장으로서 엄격한 승부사 임재택(부산대), 전 펠레로 불리던 단신의 골잡이 전영종(경희대), 양쪽 윙으로 맹활약을 펼친 허숙(인천교대)과 김재곤(사업)이 있었고, 중간 허리(HB)는 큰 키와 강한 체력에 킥이 강한 손문호(KAL), 침착하고 맨투맨 수비에 강한 유균상(한국교육개발원)과 신재철(전남대)이 맡았다. 수비(FB)는 몸을 아끼지 않는 서영현(충북대)과 열심히 뛰어다닌 김종대(동서증권)가 맡았고, 골키퍼는 필자인 강경석(한국대학교협의회)이 맡았다. 본인 이야기라 다소 쑥스럽지만 '골키퍼로서 매우 뛰어났으나, 관중을 의식한 스탠드 플레이가 넘쳤다' 는 평을 받았다.

후보로는 김성렬(서원대), 박부권(동국대), 오만석(한국정신문화연구원), 정진곤(한양대), 허문욱(사업), 서용원(KAL)이 있었으나, 이들은 주전 선수가 시합날 결석한 경우나 군입대로 자리가 빌 경우에 뛸 수 있었다. 후보 선수 중 특히 오만석과 정진곤은 언제나 시합 전에 맨 먼저 운동장에 나와 몸을 풀면서, 주장인 임재택과 다른 친구들에게 잘 보이려고 했던 열성 후보였으나 정작 선수로 뛴 것은 그리 많지 않았다. 하여간 68학번 대 69학번의 첫 시합에서 우리는 쉽게 이겼고 승리의 축하주를 공짜로 실컷 얻어 마셨다. 그리고 며칠 후 다시 한 번 그들의 재도전을 가볍게 물리침으로써 69학번 축구 신화의 서장을 열었다.

여기에서 자신감과 유대감을 확인한 우리들에게 맨 먼저 도전장을 낸 팀은 늘 교양과목을 함께 수강하던 국어교육과였다. 두어 차례 이들의 도전을 승리로 이끈 우리가 최대의 난적과 부딪치게 된 것은 1학기 중간인 5월 초, 체육교육과 1학년들과의 시합이었다. 당시 체육교육과에는 특히 럭비 선수가 많았는데 우리는 무엇보다도 그들의 체력과 축구화에 겁을 먹었다. 외형적으로 보아도 대학생 프로와 중학생 아마추어 간의 시합으로 보이는 전후반 40분씩의(여타의 시합은 대부분 전후반 25분씩이었음) 게임에서 우리는 시종 밀렸으며 수차례의 실점 위기를 맞았다. 그러나 '축구공은 둥글다' 는 말처럼 전반전 종료에 얻은 단 한 번의 기회에서 김재곤의 천금의 슛이 골인되었고, 경기가 끝날 때까지 그들의 무서운 공격을 막느라 엄청난 체력 소모와 부상을 입어야 했다.

이 소식은 곧바로 사대 전체에 퍼졌으며 시합에 진 이들은 2학년 선배들로부터 '빳다' 와 함께 운동장 구보의 모욕을 당하였다. 불과 며칠 후 정식으로 재도전장이 날아와 우리는 지친 몸에도 불구하고 시합에 응했으며, 결국 체육교육과와의 세 차례 시합에서 2승 1패의 전적을 거두었다.

이밖에도 우리는 역사교육과, 화학교육과, 지구과학교육

과 등과의 수차례 시합에서 한 번도 지지 않는 최강의 면모를 보여 주었다. 그러나 호사다마라고 했던가? 그 해 가을 청량제 결승전의 아쉬움은 두고두고 회한이 남는다. 예선 및 준준결승에서 승승장구하던 우리 팀은 결승에서 평소 우리에게 한 번도 이긴 적이 없었던 수학교육과를 만났다. 그런데 이 시합은 이미 질 수밖에 없도록 되어 있었다. 결승전이 있기 전날, 행동과학연구소에서 제작한 심리검사 표본조사 관계로 주전 선수 중 5~6명이 춘천에서 밤을 새운 후(술을 잔뜩 마셨을 것임), 시합 당일 총알택시를 타고 나타나 하루에 준결승과 결승전 두 게임을 치러야 했다. 경적필패(輕敵必敗)와 체력 저하로 통한의 1 : 0 패배를 당하고 말았다. 나의 또렷한 기억으로는 경기 종료 몇 분 전 상대방의 기습공격과 함께 왼쪽 코너 부근에서 센터링된 볼이 단신 수비수 서영현의 머리를 지나면서 빗맞은 헤딩 슛이 되어 골문 모서리에 꽂히고 말았다. 늘 시합 때마다 물 당번이었던 김광이와 이숙희의 눈물을 본 것도 이때가 처음이었다.

이후에도 수차례의 시합을 치르면서 기억에 남는 것은 국어교육과와 10전 전승 기록, 원정 경기로 치른 외국어대와 연세대 교육학과와의 게임을 들 수 있다. 특히 외대와의

원정 경기에서는 전후반 30분씩 60분 게임에서 3 : 0으로 이겼으나, 주심인 외대생이 종료 휘슬을 불지 않아 공이 거의 보이지 않는 캄캄한 밤중까지 게임을 치러 결국 3 : 3으로 비기고 말았다.

정확한 기록이 없어 기억에 의존할 수밖에 없지만, 우리는 1~2학년 동안 30전 26승 2무 2패의 전적을 남긴 것으로 회상된다.

또 한 가지! 우리가 졸업한 지 4년쯤 지난 1977년 초가을, 동기들이 모여 이런 저런 얘기를 하다가 '축구 시합을 다시 한 번 해볼까' 하는 의견이 모아져서 당시 임재택과 신재철이 근무하던 청량중학교 교사들과 일전을 치르게 되었다. 재학 시절의 주전들이 대부분 출전한 그 게임에서 결과부터 말하면 우리는 5 : 1인가 5 : 2로 지고 말았다. 불과 4년 만에 우리는 형편없는 동네 축구팀으로 전락해 버린 것이다. 그 옛날의 영화는 가고 씁쓸한 패배만이 남은 경기였으나, 지금도 그 날 입었던 유니폼은 장롱 속에서 20대의 젊은 날을 간직하고 있다.

* 『교육학과 50년, 그 뒤안길』(1996)에서 발췌하였음.

할머니

함박눈이 내린 꼬두매 고샅에
달빛이 환하다.
할머니의 양팔은 베개가 되고,
옛날 옛적 이야기를 듣는다.
아이들은 이내
할머니의 야윈 가슴을 더듬다가
시나브로 잠이 든다.
얘기 보따리도
같이 잠이 든다.
마당엔 소복하게 눈이 쌓이고
어둠의 정밀을 환하게 비춘다.

첫눈

친구들 부부와
경복궁 뜰을 가만가만 걷는다.
폭설에 놀란듯 까치도 떨고 있다.

오랜 만에 만나 반가운 얼굴
그저 마주 보며 웃는다.

눈보라에 고궁은 침묵하고
세상은 동심에 젖는다.
첫눈은 추억의 촛불이다.

줄포의 밤

소녀의 고운 눈썹 같은 초승달
하늘가에 떠오르면
도란도란 뱃사람들 얘기 소리
포구의 밤이 깊어 간다.

연두부 두 모와 싱건지 한 사발
막걸리 한 주전자

"인자 우리 형편이 쪼까 나아질랑가?
큰 파도도 없고 고기도 많이 잡힝게."

줄포의 밤바다는
희미한 달빛 아래
여명의 갈매기들을 기다린다.

우리에게 희망은 있는가?

지금 우리는 험난하고 우울한 나날을 보내고 있다고 하면 지나친 말일까? 4만여 년 전 현생 인류의 조상인 호모 사피엔스가 출현한 이래, 엄청난 자연환경의 변화와 함께 인류문명도 발전과 부침을 겪어 왔지만, 코로나 19 사태와 기후변화로 인한 생태계 변화는 심각한 문명사적 위기를 낳고 있다. 잠시 시선을 우리나라에 좁혀 보면 정치, 경제, 사회, 문화적 모든 부문에 걸쳐 상생과 협력보다는 갈등과 반목이 심화되어 희망적 좌표보다는 불안과 걱정이 앞서고 있다. 산업화와 민주화 과정을 거치면서 이루어낸 경제성장과 민주주의의 진전은 삶의 질을 향상시켜 주었지만 아직도 '내로남불' 로 일컬어지는 불통, 이념 · 세대 · 지역 갈등, 빈부격차의 양극화, 저출산 고령화로 인한 경제 · 사회적 경쟁력 약화, '가짜 뉴스' 로 범벅된 유튜브는 우리의 앞날을 어둡게 만들어가고 있다.

우리가 살아가면서 서로의 차이를 인정하고 자신의 정체성을 '진리 추구' 와 '열린 마음' 에 두면서 공동체의 행복을 추구할 때 살맛나는 세상이 될 것이다.

얕은 지식, 잘못된 인식의 예를 들어보자. 북한산의 단풍을 보고 온 사람들이 서로 다른 주장을 하고 있다. '아직 단풍이 들지 않았네' , '아냐, 단풍이 한창인데' 라고 …… 자신의 등반로에서 본 국지적인 외형만 보고 전체를 보지 못하기 때문이다. 바다 위의 얼음 덩어리는 90%가 수면에 잠겨 있기에 유능한 항해사는 이를 감지하고 우회하여 운행할 것이다.

진정한 앎의 소유자는 자신이 알고 있는 지식에 대해 늘 의문을 가지지만, 수준이 낮은 사람은 자신의 주장만을 우길 뿐이다. 겉으로 보이지 않는 숨어 있는 의미를 파악하여 거짓과 오류에서 벗어나야 한다. '미네르바의 부엉이는 황혼 녘에

날아오른다' 라고 하지 않았던가? 경쟁에서의 승리와 물신주의에 흠뻑 빠져 버린 세태의 흐름 속에서 독야청청할 수는 없을 것이며, 메시아를 마냥 기다리고 있을 수도 없다.

교육학도인 필자로서는 해답의 단초로 교육의 정상화를 되새겨보고자 한다.

한국 교육의 모든 길은 고교 졸업자의 80%가 진학하는 대학입시로 통한다. 잠시 강남 대치동 학원가에 가보자. 소위 의대 입시를 비롯한 SKY 대학 진학을 위하여 선행학습이라는 미명아래 초등학교 6학년 학생이 미적분을 풀고 있는 모습을 보게 된다. 중학교 3학년 학생은 한자의 음과 뜻도 모른 채 '공무도하가', '제망매가', '정읍사' 등 필자가 고교 2~3학년 때 배웠던 고문 과목을 무조건 암기하고 답만 외우는 모습을 보여 주고 있다.

오래 전 영국의 옥스퍼드 대학 본고사 문제의 예를 들어보겠다. 영국은 대학 진학률이 50% 정도이며, 대입 전형 자료로 GCSE(우리의 수능시험) 성적, 고교 내신, 학업계획서를 활용하는데, 90여 개의 대학 중 예외적으로 옥스퍼드 대학과 케임브리지 대학에서는 상기한 전형 외에 약 10%의

학생을 본고사 한 과목만으로 선발하는 제도가 있다.

옥스퍼드 대학 수학과의 경우 다음 두 문제만으로 입학 여부를 결정한 적도 있다. 첫 번째 문제는 '음악과 수학의 관계를 논하라' 이며, 두 번째 문제는 '기원전 399년에 소크라테스가 마신 독배의 앙금이 기화되어 2,400여 년이 지난 오늘, 내리는 빗방울에 섞여 네 머리에 떨어질 확률값을 구하라' 이다.

또 다른 예로 대학 진학률이 역시 50%대인 프랑스의 바칼로레아(우리의 논술 시험) 문제를 보면, '사람은 일하지 않고도 살 수 있는가', '폭력은 어떤 상황에서 정당화될 수 있는가', '삶과 죽음의 관계를 논하라' 등을 들 수 있겠다.

오늘날 창의력을 배제한 선행학습의 사교육에 흠뻑 빠진 한국의 우수한 학생들 중 어느 누가 이러한 문제들에 대해 제대로 답할 수 있을까 생각하면, 왜 우리나라에서는 노벨상 수상자가 나오지 않았을까를 쉽게 알 수 있기도 하다.

우리의 자녀들이 진리에 겸손하고, 자신의 적성과 소질을 살려 나가면서 서로의 차이를 인정하는 삶을 살아가게 하는 열린 교육의 장이 펼쳐질 수 있도록 가정, 학교, 사회가 모두 힘을 합쳐야 할 때이다.

이는 곧 100여 년 전에 스페인의 철학자 오르테가 이 가세트가 ‘대중의 반역’에서 말한 노블레스 오블리제 (고귀한 신분은 의무를 동반한다)의 의미에 부합되기 때문이다.

교육이 정상화 되어 사람이 사람다워질 때, T.S 엘리어트의 황무지 첫 구절인 ‘사월은 가장 잔인한(cruellest) 달, 죽은 땅에서 라일락을 키워 내고……’가 뜻하는 재생과 회복의 날이 오게 될 것이다. 고교 1학년 때 처음 배운 독일어 제2과든가의 제목 ‘Der Frühling ist wieder da.’(봄이 다시 왔다)가 생각난다.

*2022년 1월에 창간된 〈여성시대〉 창간호의 권두언으로 필자가 쓴 내용을 발췌하였으며, 한강은 노벨 문학상을 2024년 12월에 수상하였다.

기형도를 기리며

'열무 삼십 단을 이고 시장에 간
엄마 걱정' 을 지금도 하고
있을까?

사랑과 미움의 경계선은 어디인가?
가난과 절망은 피할 수 없는 것인가?
얼마나 깊은 어둠 속이었는가?

잘 살다 가지는 못했어도
그대의 '입 속의 검은 잎' 은
어둠 짙은 도시 속으로
사라진다.
파시의 선장처럼 닻을 내린다.

그대의 찬 손이 내 가슴을 파고 들면

우리는 슬픈 영혼이 되어 서로를 위로한다.

봄비가 초승달을 가리고

고독의 적막을 깬다.

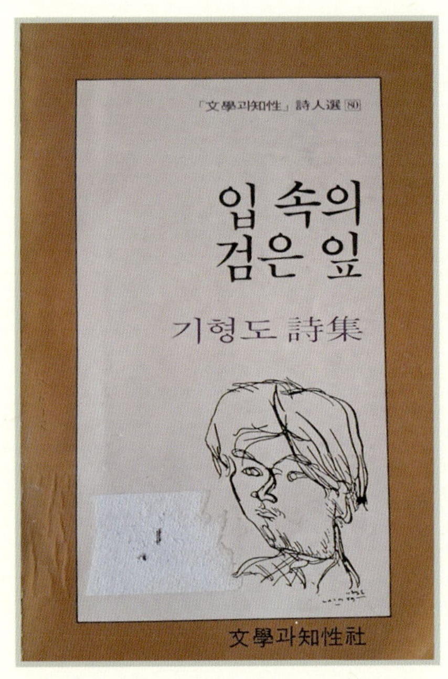

독도의 아름다움

개일초등학교 2학년 3반 강준모

(2024년 6월)

독도에 가면
아름다움을 느낄 수 있어요.
봄에는 괭이갈매기가 반겨주는
울음소리를 들을 수 있어요.

독도에 가면 멋진 해국을 만날 수 있어요.
해국은 거센 바람이나 폭풍이 와도
협동해서 잘 버텨요.

독도에 가면
신비로운 생물들을 만날 수 있어요.
살파는 투명색이어서
거짓말을 감출 수 없어요.

독도에 가면

세상에 별로 없는 유착나무돌산호를 볼 수 있어요.

유착나무돌산호는 멸종 위기라서

지켜줘야 해요.

*시와 그림은 손자인 강준모의 작품임.

도와 주신 분들에게

나는 스스로 소심한 완벽주의자라고 생각한다. 문집을 내기 전 몇몇 지인들의 의견을 들었다. 책을 내는 것은 자기만족에 불과하다며 부정적 견해를 보인 이도 있다.

그러나 삶의 궤적을 솔직하게 그려 보는 것도 의미있을 것이다. 또 나의 꿈과 사랑하는 것들에 대해 말하고 싶었다. 멋진 시, 울림을 주는 시, 격조있고 향기로운 수필을 쓰고 싶었지만, 창작 관련 학습과 훈련이 전무한 나로서는 아쉬움만 남는다.

이제 두려움뿐이지만 오래 전부터 문집을 내라고 권유해 온 허숙 전 경인교대 총장, 백운선 호남대 명예교수, 송필호 전 중앙일보 사장의 우정과 격려에 감사드린다. 삼성건설 인삼회 노명일 명예회장과 회원들의 글쓰기 응원도 큰 힘이 되었다. 꼼꼼히 글을 읽고 조언과 교정을 도와 준 고교 동기 황해룡, 정병헌 학형에게 큰 빚을 졌다. 또 삽화를 그려준 민지와 준모에게 사랑을 보낸다.

내 글의 최초의 독자가 되어 비판과 격려를 아끼지 않고, 사진 선정과 배치에 애써준 아내의 도움 없이는 이 작품은 태어나지 못했을 것이다. 끝으로 정성스러운 편집과 참신한 아이디어로 예쁜 작품을 만들어준 김철미 사장의 노고에 깊이 감사드린다.

글쓴이 강경석

-1950.11.2. 전남 장흥 출생

-전주고, 서울대 교육학과, 동 대학원 교육학과,
동국대 대학원 교육학과 박사과정

-한국교육개발원 연구원, 교육방송 PD

-삼성그룹 건설 인사과장, 사우디지사 총무과장

-한국대학교육협의회 수석연구위원, 한국대학사회봉사협의회
사무국장(겸직)

-중부대 교수